AF865473

Wortschatz üben
Meine Wörter für die Schule

Alles Digitale zu diesem Buch kann auf der Lernplattform **allango** von Ernst Klett Sprachen abgerufen werden. So geht's:

QR-Code scannen oder **www.allango.net** aufrufen	Buchtitel oder ISBN in der Suche eingeben und auf das Buchcover klicken	Zum Inhalt navigieren, direkt abrufen oder speichern

Dieses Symbol bedeutet, dass zu einem Buch-Abschnitt ein digitaler Inhalt verfügbar ist: **Audios, Lernwörterspiele, Lösungen**

Denise Doukas-Handschuh

Wortschatz üben

Meine Wörter für die Schule

Ernst Klett Sprachen
Stuttgart

Das bin ich

Ich heiße

Meine Schule heißt

Ich gehe in die Klasse

Ich wohne in

Ich komme aus

1. Auflage 1 8 7 6 5 4 | 2028 27 26 25 24

Autorin: Denise Doukas-Handschuh
Redaktion: Sibylle Krämer, Bayreuth; Nicole Nolte
Layoutkonzeption, Satz und Gestaltung: Sandra Vrabec
Illustrationen: Friederike Ablang, Berlin
Umschlaggestaltung: Sandra Vrabec
Reprografie: Meyle+Müller, Pforzheim
Sprecherinnen und Sprecher: Mayan Gómez Eschment, Anja Kleinhans, Gunther Pagel, Stefanie Plisch de Vega, Emilio Vega, Sofi Vega
Tontechnik und Produktion: Gunther Pagel, Top 10 Tonstudio, Viernheim
Druck und Bindung: Elanders GmbH, Waiblingen

Printed in Germany
ISBN 978-3-12-674888-9

Inhaltsverzeichnis

!

Das habe ich geübt!

→ ✓

Vorwort

Das Heft **Wortschatz üben** möchte Kinder, die Deutsch lernen, auf eine besondere Schatzsuche mitnehmen: Spielerisch und selbstständig können sich die Schülerinnen und Schüler die wichtigsten Wörter zum Thema Schule erarbeiten und diese üben.

Im vorliegenden Heft lernen sie Wörter zu den Themenfeldern

In der Schule

Die Fächer

Die Aufgaben

Diese Kapitel sind noch einmal thematisch untergliedert. Keines der Kapitel setzt Vorkenntnisse voraus. So kann jedes Kind passend zum eigenen Übungs- oder Wiederholungsbedarf bzw. zu den sprachlichen Anforderungen in der Schule üben.

Mit dem Heft können die Schülerinnen und Schüler in differenzierenden Unterrichtsformen, im Förderunterricht oder zu Hause und weitgehend selbstständig arbeiten.

- **Vor dem Start** – Diese Seiten führen in das Arbeiten mit dem Heft ein. Später dienen sie auch zum Nachschlagen.
- Die Übungen sind einfach und anschaulich illustriert.
- Alle neuen Wörter werden über die Verbindung von Wort und Bild eingeführt, bevor sie in den weiteren Übungen des Unterkapitels vertieft werden.
- In der Regel bieten die Aufgaben die Möglichkeit zur Selbstkontrolle, z.B. über ein Lösungswort. Die Kinder können aber auch die einführenden Übungen abdecken, bevor sie die nachfolgenden Aufgaben bearbeiten, und sie anschließend wieder als Kontrollmöglichkeit nutzen.
- **Audio-Dateien** zur Unterrichtssprache, **Spiele** zum Üben und Hören der Wörter sowie die **Lösungen** aller Aufgaben stehen digital zur Verfügung. Eine Anleitung dazu findet sich auf Seite 1.

Etwas anspruchsvollere Aufgaben – die „Aufgaben für Profis“ – sind mit einem Stern gekennzeichnet. Sie werden von den Schülerinnen und Schülern bearbeitet, die diese Aufgaben bereits bewältigen können.

Am Ende jedes Kapitels gibt es die Seiten Im Unterricht für das Training der sogenannten Unterrichtssprache und Mehr Aufgaben für Profis und Partner. Auf diesen Seiten finden sich – entsprechend gekennzeichnet – Aufgaben für den einzelnen Schüler und Aufgaben für eine mögliche Partnerarbeit. Hier soll auch die Kommunikation miteinander in den Fokus gerückt werden. Dafür wird den Schülerinnen und Schülern eine Auswahl an Wendungen und Redemitteln zur Verfügung gestellt.

Ideen für das spielerische Vertiefen des Wortschatzes im Plenum finden Sie als Lehrkraft am Ende jedes Unterkapitels, gekennzeichnet durch einen Pfeil. Diese Tipps sind einfach umzusetzen und unterstützen Sie bei der weiterführenden Arbeit mit Lerngruppen bzw. der ganzen Klasse.

Mit **Wortschatz üben** können sich die Schülerinnen und Schüler einen Basiswortschatz zum Thema Schule erarbeiten, sie lesen und schreiben, und haben die Möglichkeit, den neu erworbenen Wortschatz in den Partneraufgaben oder den Aktionen für die ganze Klasse in einem kommunikativen Rahmen auszuprobieren.

EXTRA: Zu den Seiten und Aufgaben mit diesen Symbolen gibt es Spiele zum Üben und Hören der Wörter bzw. Audio-Dateien zur Unterrichtssprache. Eine Anleitung dazu findet sich auf Seite 1.

Viel Erfolg auf der Schatzsuche mit **Wortschatz üben**!

Wer nach noch mehr Wortschatz rund um das Thema Schule sucht, kann im illustrierten Fachwortschatz Deutsch **Meine Wörter für die Schule** fündig werden.

Vor dem Start

Zum Nachschlagen

Wer? 1

Im Unterricht 1

Aufgaben: Das sollst du tun.

lesen

→ Lies.

schreiben

→ Schreibe.

nachfahren

→ Fahre nach.

verbinden

→ Verbinde.

ankreuzen

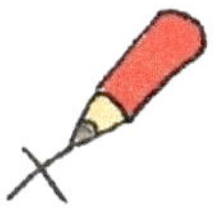

→ Kreuze an.

markieren

X	E	I	N	S	O	P
C	V	B	J	K	U	Y

→ Markiere.

eintragen

V I E R

F Ü

→ Trage ein.

zuordnen

der	die	das
Unterricht	Aufgabe	

→ Ordne zu.

Wichtige Wörter

Das Alphabet

A B C D E F G H I J K L M N O P Q R S T U V W X Y Z

Das Üben üben

1. Die Zahlen von 1 bis 10: Fahre die Wörter nach. 2

1	2	3	4	5
eins 	zwei	drei	vier	fünf

6	7	8	9	10
sechs	sieben	acht	neun	zehn

2. Finde und markiere die Zahlen aus Aufgabe 1.

D	R	E	I	C	A	C	H	T	J	M
X	F	Ü	N	F	P	N	E	U	N	L
V	B	Z	L	K	S	E	C	H	S	E
I	Q	E	M	M	X	Q	G	Ä	Z	I
E	T	H	S	I	E	B	E	N	Y	N
R	Ü	N	J	Z	W	E	I	K	X	S

3. Welche Zahlen sind das? Schreibe richtig auf.

chta — acht

üfnf — ______

ehzn — ______

4. Mehr Zahlen: Fahre die Wörter nach und verbinde. 3

zehn S

vierzig B, sechzig N, dreißig E, achtzig R, hundert I

10 20 30 40 50 60 70 80 90 100

zwanzig I, fünfzig E, siebzig D, neunzig E

Lösung: S (10) ___ (20) ___ (30) ___ (40) ___ (50) ___ (60) + ___ (70) ___ (80) ___ (90) ___ (100) = zehn

5. Löse das Rätsel.

60

80 1

90

50 F Ü N F Z I 2 G

100 3

20 4

40 5 6

Lösung: _ I _ B _ _ _
1 2 3 4 5 6

6. Trage die Zahlen ein.

S E C H S
I
E
B
E
N

~~sechs~~ • hundert • zehn • neun • zwei • siebzig

7. Die Zahlen bis 100: Lies und kreuze an.

!

Zahlen 21 bis 99:

21 = 1 und 20
einundzwanzig

56 = 6 und 50
sechsundfünfzig

vierundzwanzig	☒ 24 ☐ 34 ☐ 42	siebenundachtzig	☐ 88 ☐ 87 ☐ 78
einundneunzig	☐ 81 ☐ 93 ☐ 91	sechsundsechzig	☐ 66 ☐ 76 ☐ 16

Im Klassenzimmer

1. Fahre die Wörter nach und verbinde.

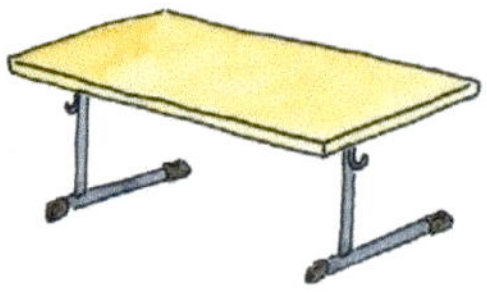

der Tisch

die Tür

der Stuhl

die Tafel

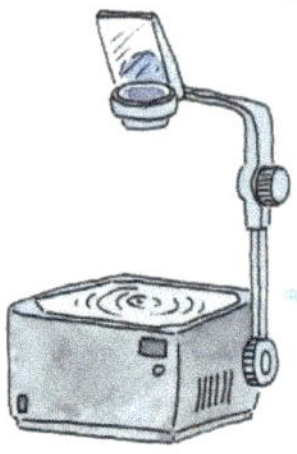

der Stuhlkreis

der Tageslichtprojektor

das Pult

die Leseecke

der Papierkorb

das Regal

2. Finde das Gegenteil und fahre die Wörter nach. 4

öffnen

abwischen

anschreiben

sich setzen

aufstehen

schließen

3. Trage die Wörter aus Aufgabe 1 ein.

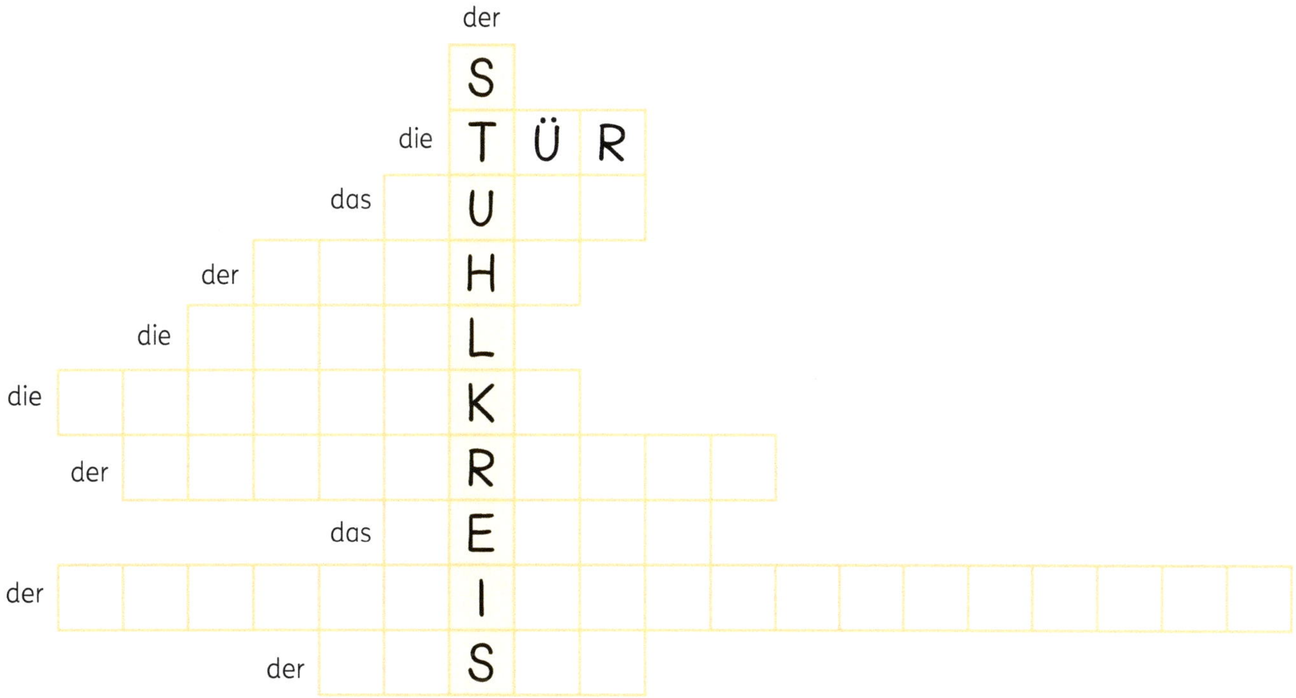

4. Was sagt der Lehrer? Höre zu. Lies und ordne zu. 2

1 Öffne bitte die Tür!

2 Setz dich!

3 Steh auf!

4 Schließ bitte die Tür!

Lösung: das P__ __ __ (1 2 3 4)

Die Schulsachen

1. Fahre die Wörter nach.

das Lineal

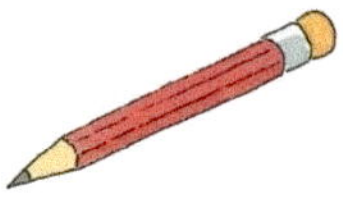

der Bleistift

der Schulranzen/
die Schultasche

der Füller

das Buch

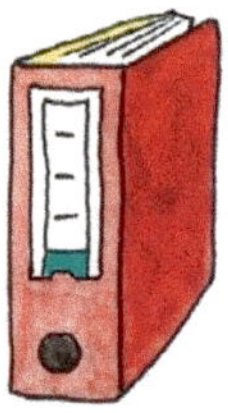

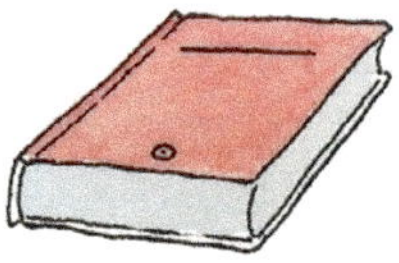

die Mappe

das Heft

der Ordner

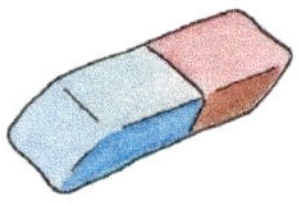

der Spitzer

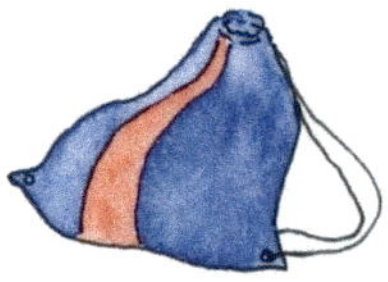

der Radiergummi

der Turnbeutel

2. Was macht man mit den Schulsachen? Fahre die Wörter nach und verbinde. 5

1 

2 

3 

4 

5 

6 

anspitzen R

schreiben N

einpacken R

auspacken E

wegradieren D

aufschlagen O

Lösung: der O_ _ _ _ _ _
1 2 3 4 5 6

3. Löse das Rätsel.

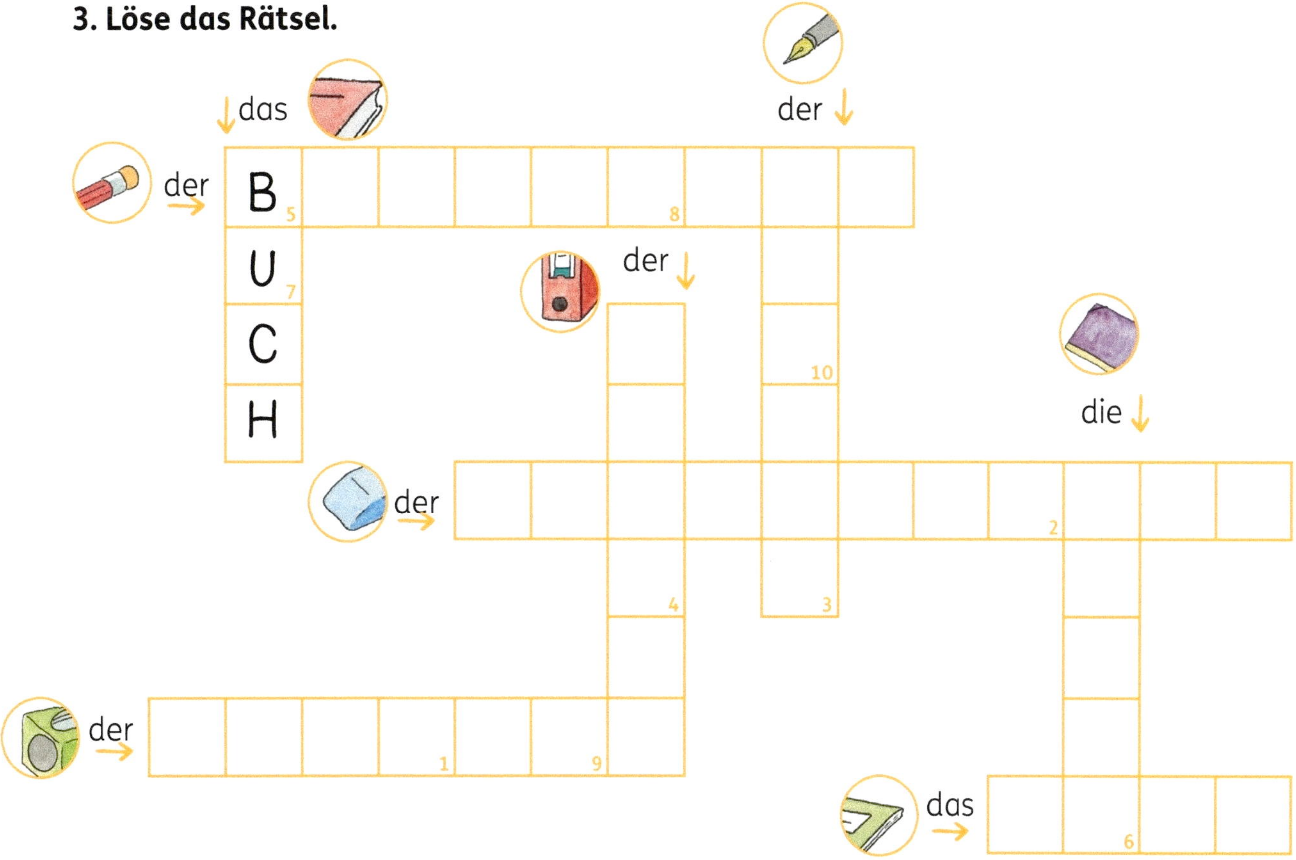

Lösung: der __ __ __ __ B __ U __ __ __
1 2 3 4 5 6 7 8 9 10

4. Was ist richtig? Lies und kreuze an.

1
- ein Buch aufschlagen [X] H
- ein Heft einpacken [ ] F

2
- etwas wegradieren [ ] A
- etwas schreiben [ ] E

3
- einen Bleistift anspitzen [ ] F
- einen Füller anspitzen [ ] L

4
- ein Buch auspacken [ ] E
- ein Buch einpacken [ ] T

Lösung: das H __ __ __
1 2 3 4

Mein Stundenplan

1. Fahre die Wörter nach.

Kunst

Deutsch

Sport

Musik

Mathematik/
Mathe

Sachunterricht

Englisch

Religion

2. Der Stundenplan: Fahre die Wörter nach und verbinde. 6

der Montag

der Dienstag

der Mittwoch

der Donnerstag

der Freitag

die große Pause

das Schulfach

die Schulstunde

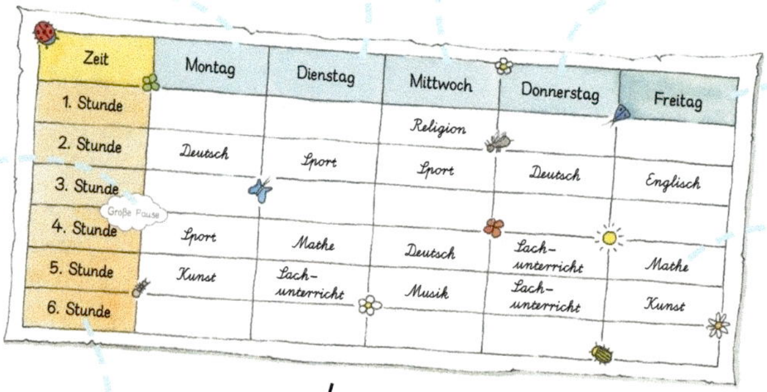

Zeit	Montag	Dienstag	Mittwoch	Donnerstag	Freitag
1. Stunde			Religion		
2. Stunde	Deutsch	Sport	Sport	Deutsch	Englisch
3. Stunde					
4. Stunde	Sport	Mathe	Deutsch	Sach-unterricht	Mathe
5. Stunde	Kunst	Sach-unterricht	Musik	Sach-unterricht	Kunst
6. Stunde					

der Stundenplan

3. Finde die Wörter und schreibe.

DIE|SCHULSTUNDE|DERFREITAGRELIGIONDERDIENSTAGENGLISCHDERDONNERSTAG

die Schulstunde,

4. Geheimschrift: Welche Wörter aus den Aufgaben 1 und 2 sind das? Schreibe richtig auf.

M u s i k
1

der 

_ _ _ _ _ _
3

die 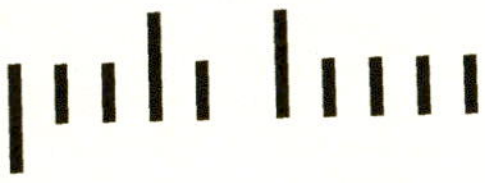

_ _ _ _ _ _ _ _ _ _ _ _
2

der 

_ _ _ _ _ _ _ _
4

_ _ _ _ _ _ _
5

Lösung: M _ _ _ _
1 2 3 4 5

5. Lieblingsfächer: Lies und fahre die Wörter nach.

Deutsch ist **mein** Lieblingsfach.

Sachunterricht ist Lieblingsfach.

Mathe ist Lieblingsfach.

Kunst ist Lieblingsfach.

⇨ Partnerinterviews zu Lieblingsfach und Lieblingswochentag; Bericht in der Klasse: „Sein/Ihr Lieblingsfach ist …“; Erstellen einer Klassen-Hitliste

Im Schulgebäude

1. Fahre die Wörter nach und verbinde.

der Eingang

die Treppe

der Flur

die Garderobe

das Klassenzimmer

2. Fahre die Wörter nach.

der Computerraum

der Umkleideraum

die Mensa

der Werkraum

die Turnhalle

der Musikraum

das Sekretariat

die Toilette / das WC

die Bibliothek

3. Finde und markiere die Wörter aus Aufgabe 1 und 2.

E	J	W	C	V	O	T	O	I	L	E	T	T	E	V	B	X	M
I	W	J	U	Ä	L	Ü	Z	Y	Q	R	I	Q	W	R	I	S	L
N	P	F	G	T	R	E	P	P	E	I	Ö	P	Y	A	B	E	T
G	D	L	M	U	S	I	K	R	A	U	M	T	Z	V	L	K	U
A	B	U	D	N	J	Y	M	J	W	E	V	K	X	E	I	R	R
N	I	R	Q	X	W	E	R	K	R	A	U	M	I	N	O	E	N
G	Q	M	W	V	M	J	G	Z	U	B	T	Q	W	X	T	T	H
R	B	Ü	Z	Y	G	A	R	D	E	R	O	B	E	J	H	A	A
M	E	N	S	A	B	U	Q	V	K	C	J	Ö	Z	K	E	R	L
S	Ä	C	O	M	P	U	T	E	R	R	A	U	M	W	K	I	L
K	L	A	S	S	E	N	Z	I	M	M	E	R	X	N	Q	A	E
J	V	T	U	M	K	L	E	I	D	E	R	A	U	M	B	T	Y

4. Personen in der Schule: Fahre die Wörter nach.

5. Der Schüler – die Schülerin: Schreibe. 7

der Schüler **die** Schülerin

der Lehrer **die**

der Hausmeister **die**

⇨ Zeichnen und Beschriften des Schulgeländes und Schulgebäudes

In der Pause

1. Fahre die Wörter nach und verbinde.

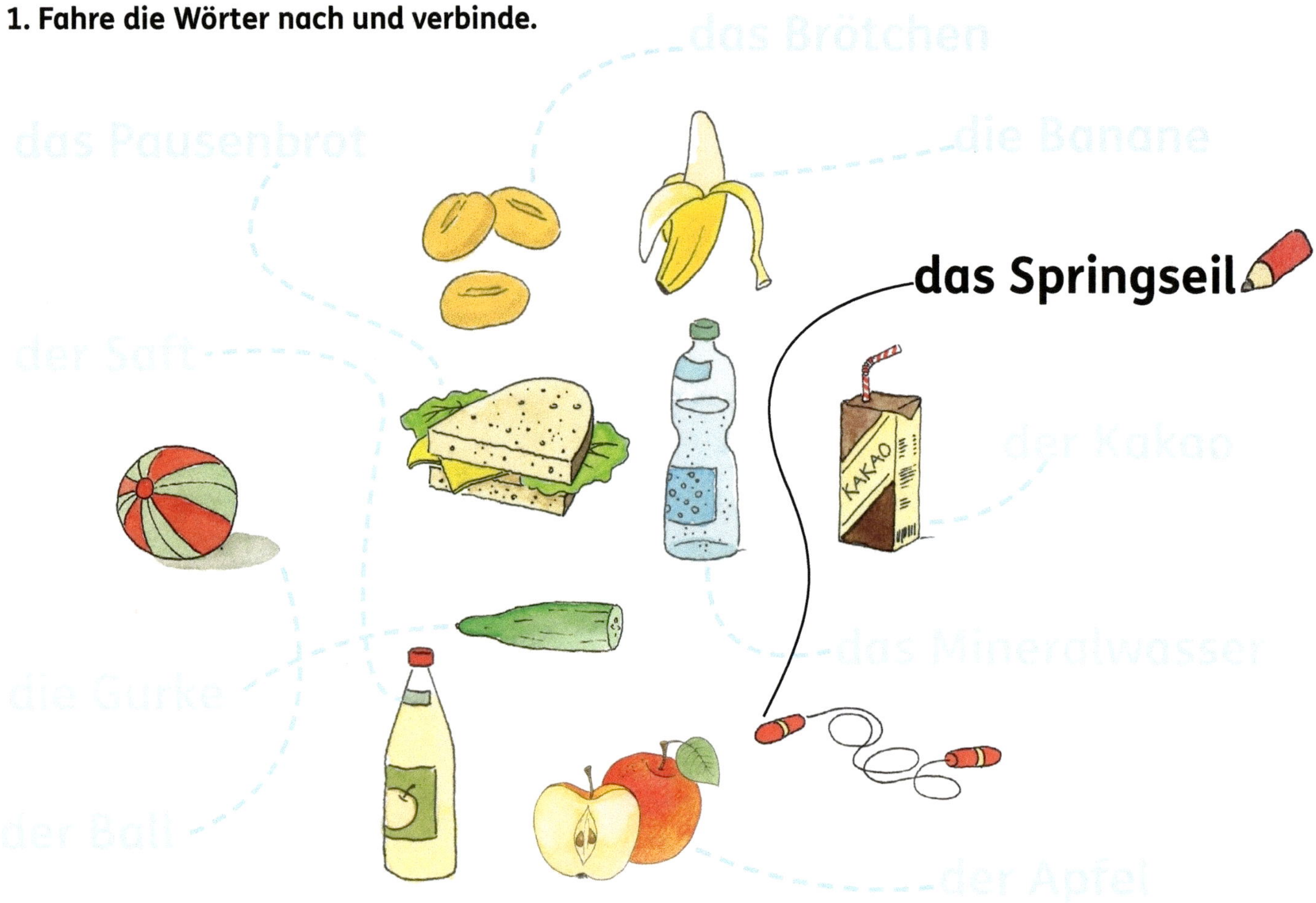

2. Geheimschrift: Welche Wörter aus Aufgabe 1 sind das? Schreibe richtig auf.

der Apfel (9)

das _ _ _ _ _ _ (3) _ _ _ _

das (7) _ _ _ _ _ _ _ (6) _ _

der _ (4) _ _ _

das _ _ _ _ _ _ (2) _ _ (8) _ _ _ _

das (1) _ _ (10) _ _ _ (5)

Lösung: die __ __ __ __ __ __ (1 2 3 4 5 6) und der __ __ f __ (7 8 9 10)

3. Fahre die Wörter nach.

4. Was gehört dazu? Ordne die Wörter aus Aufgabe 1 zu und schreibe.

Spielzeug	Essen	Getränke
der Ball	der Apfel	der Saft

5. Was passt zusammen? Ordne zu und fahre die Wörter nach. 8

das Pausenbrot

der Ball

der Kakao

das Spielzeug

das Getränk

das Essen

⇨ Pausenspiele international: Sammeln und Spielen von Fang-/Ball- oder Reimspielen aus verschiedenen Ländern

Ausflüge machen

1. Fahre die Wörter nach und verbinde.

der Zoo / der Tierpark

der Rucksack

das Theater

der Proviant

der Bus

die Burg

der Zug

die Regenjacke

das Museum

der Sonnenhut

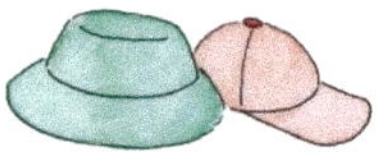

2. Fahre die Wörter nach.

wandern

anschauen

abfahren

ankommen

pünktlich

zu früh

zu spät

3. Welche Wörter sind das? Schreibe richtig auf.

enfahrab

abfahren

dernwan

enkomman

enschauan

lichpünkt

!

die Abfahrt → abfahren
die Ankunft → ankommen

der Ausflug → die Ausflüge

4. Wer mag was? Lies und ordne zu.

1  Noah mag Ausflüge 

2  Luis mag Ausflüge 

3  Pia mag Ausflüge 

4  Max mag Ausflüge 

ins Theater. R

mit dem Zug. G

in den Zoo / in den Tierpark. B

ins Museum. U

Lösung: die B ___ ___ ___
(1 2 3 4)

⇨ Sammeln von Lieblingsausflugszielen der Schülerinnen und Schüler, evtl. Organisieren eines gemeinsamen Ausflugs

Im Unterricht

1. Was sagt die Lehrerin? Höre zu und lies dann bitte. 3

2. Was sagt die Lehrerin noch? Bildet neue Sätze.

Nehmt bitte	eure Bücher eure Hefte eure Mappen eure Ordner eure Stifte …	heraus.

Gib mir bitte	dein Heft. dein Buch. deine Mappe. deinen Ordner. deinen Bleistift. …

3. Macht Rollenspiele wie in Aufgabe 1, auch mit den neuen Sätzen aus Aufgabe 2.

Mehr Aufgaben für Profis und Partner

1. Unser Klassenzimmer: Zeichne und schreibe.

2. Das 1-Minuten-Spiel: Schreibt in einer Minute so viele Schulfächer auf wie möglich.

3. Tausche das Heft mit deinem Partner. Ist alles richtig? Wer hat mehr Wörter?

4. Was macht dein Partner gerne in der Pause? Fragt und erzählt euch gegenseitig.

Was machst du gerne in der Pause?

Ich spiele gerne Ball.

Deutsch

1. Fahre die Wörter nach und verbinde. 9

das Alphabet

der Buchstabe

das Wort

gehen

der Absatz

die Überschrift

der Text

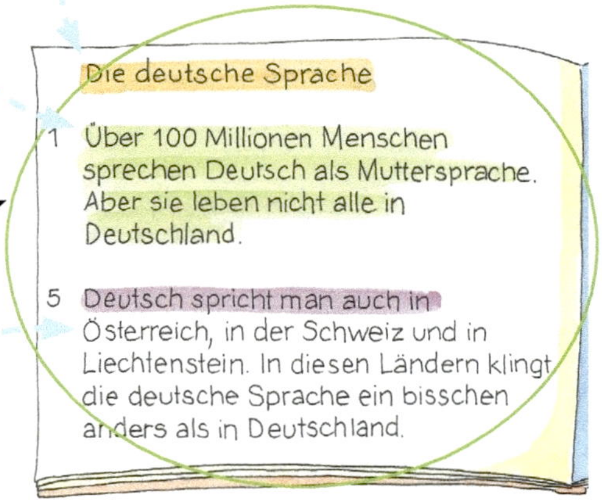
Die deutsche Sprache

1 Über 100 Millionen Menschen sprechen Deutsch als Muttersprache. Aber sie leben nicht alle in Deutschland.

5 Deutsch spricht man auch in Österreich, in der Schweiz und in Liechtenstein. In diesen Ländern klingt die deutsche Sprache ein bisschen anders als in Deutschland.

die Zeile

Die Sonne scheint.

der Satz

2. Satzzeichen: Fahre die Wörter nach.

Das ist Peter.

der Punkt

Peter, Paul und Tim gehen in eine Klasse.

das Komma

Was ist das?

das Fragezeichen

Hilfe!

das Ausrufezeichen

Peter sagte: „Hallo."

der Doppelpunkt

3. Finde und markiere die Wörter aus Aufgabe 1 und 2.

K	V	F	R	A	G	E	Z	E	I	C	H	E	N	D	C
O	Q	B	X	Ö	P	X	R	G	D	M	I	O	J	A	W
M	U	P	U	N	K	T	D	W	O	R	T	C	A	L	D
M	Ü	W	R	J	L	M	Ö	B	Y	Q	B	X	B	P	Z
A	D	O	P	P	E	L	P	U	N	K	T	Y	S	H	E
Ö	T	I	Z	X	Ä	J	Z	T	C	Z	U	K	A	A	I
S	E	Ü	B	E	R	S	C	H	R	I	F	T	T	B	L
A	X	K	T	Q	N	Ä	I	G	H	W	J	O	Z	E	E
T	T	N	B	U	C	H	S	T	A	B	E	K	Q	T	Y
Z	Y	A	U	S	R	U	F	E	Z	E	I	C	H	E	N

4. Das machst du in der Schule: Fahre die Wörter nach und verbinde. 10

1

2

3

abschreiben

AG

CH

EZ

EN

EI

FR

4

5

6

Lösung: das F R __ __ __ __ __ __ __ __ __ __
1 2 3 4 5 6

⇨ Spiele rund ums Alphabet: Nachbarbuchstaben benennen, das Alphabet möglichst schnell/rückwärts aufsagen etc.

Mathematik

1. Fahre die Wörter nach.

x	x+2
4	6
6	

die Tabelle

rechnen

die Zahl

2. Rechenarten: Fahre die Wörter nach und verbinde.

addieren

subtrahieren

multiplizieren

dividieren

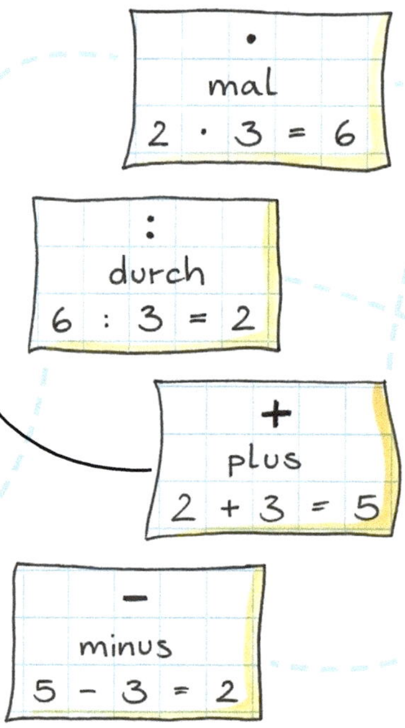

plus

minus

mal

durch

!

6 : 3 = 2

Sechs durch drei ist gleich zwei.

3. Finde die Wörter und schreibe.

PLUS|DIEZAHLDIVIDIERENRECHNENDIETABELLEMALMINUSADDIERENDURCH

plus,

4. Was passt zusammen? Fahre die Wörter nach und verbinde.

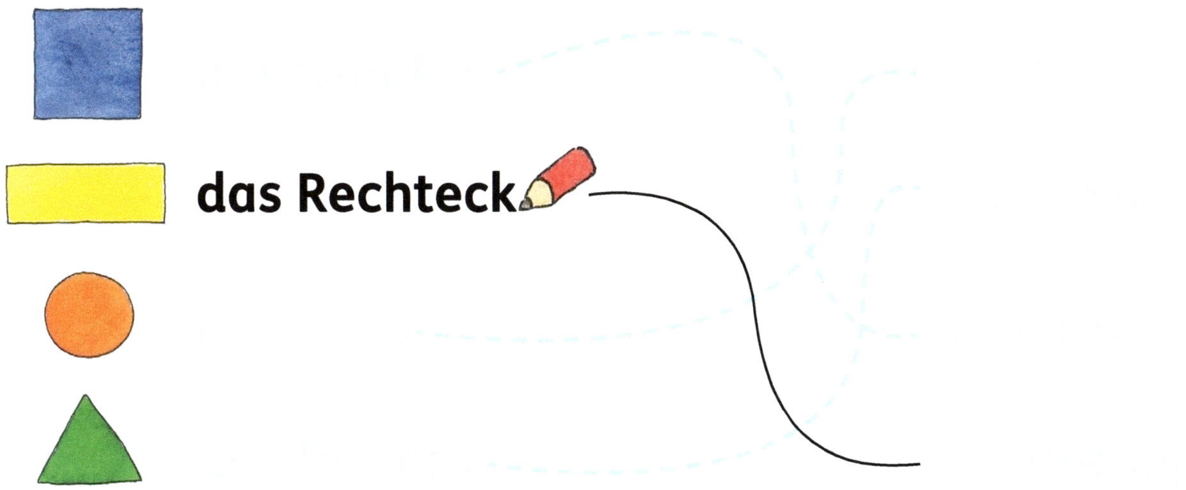

5. Trage ein.

~~Quadrat~~ • dividieren • plus • mal • subtrahieren • Rechteck • rund • Zahl • addieren • rechnen • Kreis • Tabelle • Dreieck

							M					
					das	Q	U	A	D	R	A	T
							L					
		das					T					
			das				I					
							P					
		die					L					
							I					
						die	Z					
							I					
							E					
							R					
				der			E					
							N					

⇨ Benennen geometrischer Formen im Klassenzimmer: „Die Tür ist rechteckig /ein Rechteck.“, „Der Globus ist rund.“ etc.

Sachunterricht

1. Fahre die Wörter nach und verbinde.

das Tier

der Wald

die Wiese

die Blume

der Baum

das Wetter

der Körper

die Ernährung

die Sinne

der Frühling

der Sommer

der Herbst

der Winter

2. Welche Wörter sind das? Schreibe richtig auf.

der perKör	die seWie	der lingFrüh
der Körper		
das terWet	die rungnähEr	die meBlu

3. Fahre die Wörter nach.

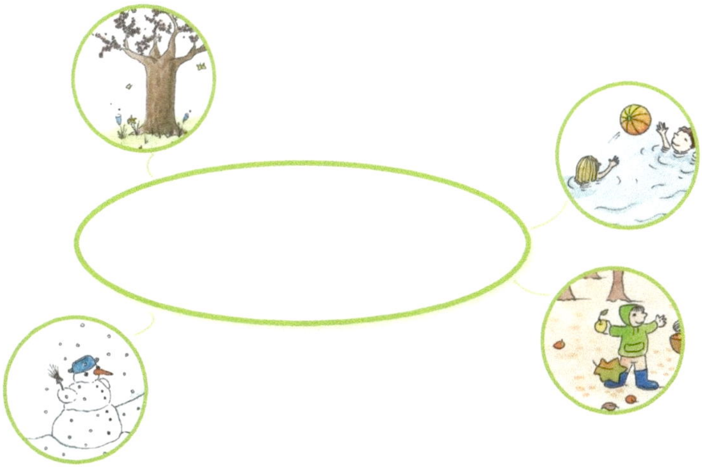

4. Was gehört dazu? Ordne die Wörter aus Aufgabe 1 zu und schreibe.

Mensch 	Natur 	Jahreszeiten 
die Ernährung	die Blume	der Frühling

⇨ Bilder aus Zeitschriften/Werbeprospekten ausschneiden, den Oberbegriffen aus Aufgabe 4 zuordnen und benennen

Musik

1. Musikinstrumente: Fahre die Wörter nach.

das Klavier

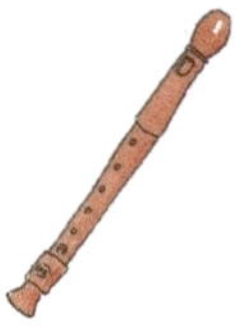

die Flöte

die Gitarre

die Klanghölzer

die Triangel

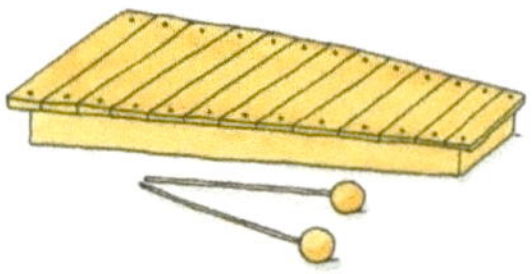

das Xylophon

die Trommel

die Trompete

das Schlagzeug

die Geige

!

das Klangholz

die Klanghölzer

2. Geheimschrift: Welche Musikinstrumente sind das? Schreibe richtig auf.

die 

K l a n g h ö l z e r (n = 10, e = 2)

die 

_ _ _ _ _ (5)

das 

_ _ _ _ _ _ _ (9, 3)

die 

_ _ _ _ _ _ _ _ (1, 8, 7)

das 

_ _ _ _ _ _ _ _ _ _ (13, 11, 4)

die 

_ _ _ _ _ _ _ _ (6, 12)

Lösung: die _ e _ _ _ (1 2 3 4 5) und die _ _ _ _ n _ _ _ (6 7 8 9 10 11 12 13)

3. Fahre die Wörter nach und verbinde.

4. Was ist richtig? Ordne zu.

 Das Mädchen

 Die Sängerin

 Der Junge

 Der Pianist

 Die Kinder

 Der Dirigent

- spielt Klavier.
- dirigiert.
- singt.
- tanzen.
- hört Musik.
- trommelt.

⇨ pantomimisches Spielen und Benennen dieser und anderer Musikinstrumente

Kunst

1. Fahre die Wörter nach und verbinde.

das Papier

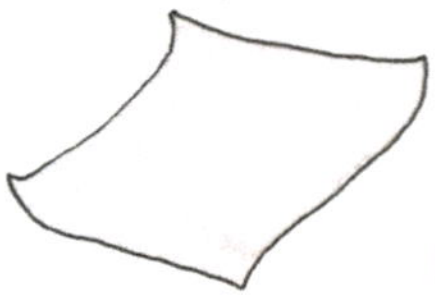

der Klebestift

der Wasserbecher

die Wachsmalkreide

der Block

der Farbkasten

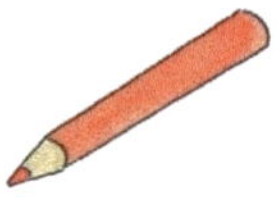

der Buntstift

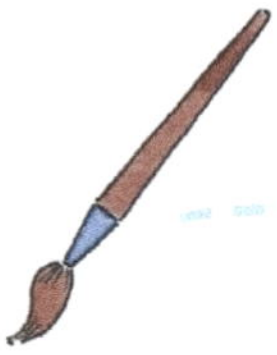

die Schere

der Pinsel

der Leim

2. Fahre die Wörter nach.

falten

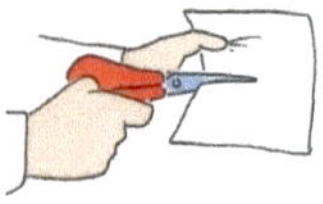

ausschneiden

malen

kleben

ausmalen

basteln

modellieren

3. Löse das Rätsel.

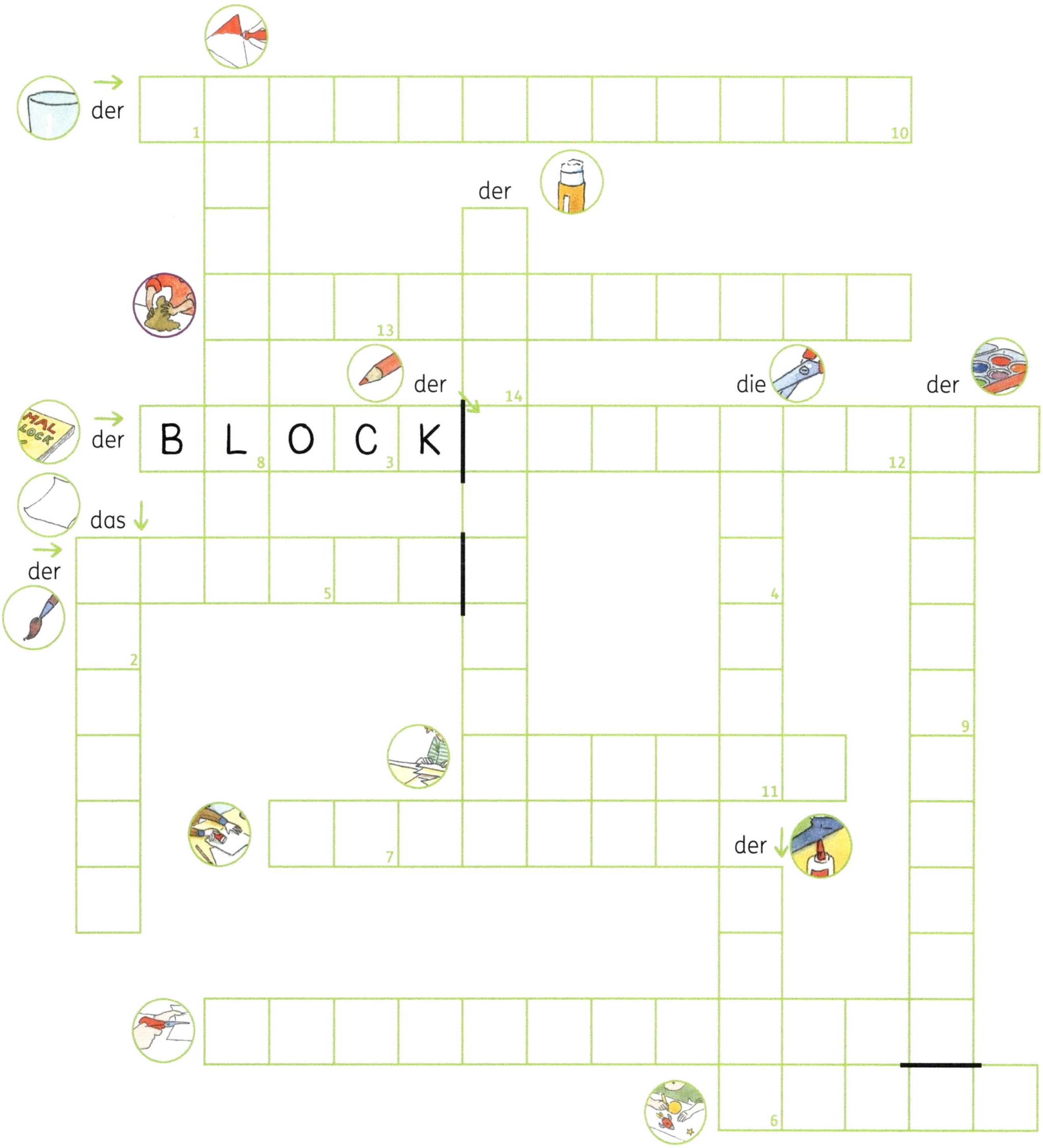

Lösung: die __ __ C __ __ __ __ L __ __ __ __ __ __
1 2 3 4 5 6 7 8 9 10 11 12 13 14

!

rot blau grün gelb

Sport

1. Fahre die Wörter nach und verbinde.

schwimmen

werfen

springen

klettern

laufen

turnen

2. Sportarten: Schreibe und fahre die Wörter nach.

Ich spiele Basketball.

Fußball.

Volleyball.

Tennis.

3. Finde die Wörter und schreibe.

LAUFEN|VOLLEYBALLSCHWIMMENBASKETBALLSPRINGENKLETTERNTENNIS

laufen, ______________________________

____

4. Wer ist wie? Finde das Gegenteil und fahre die Wörter nach.

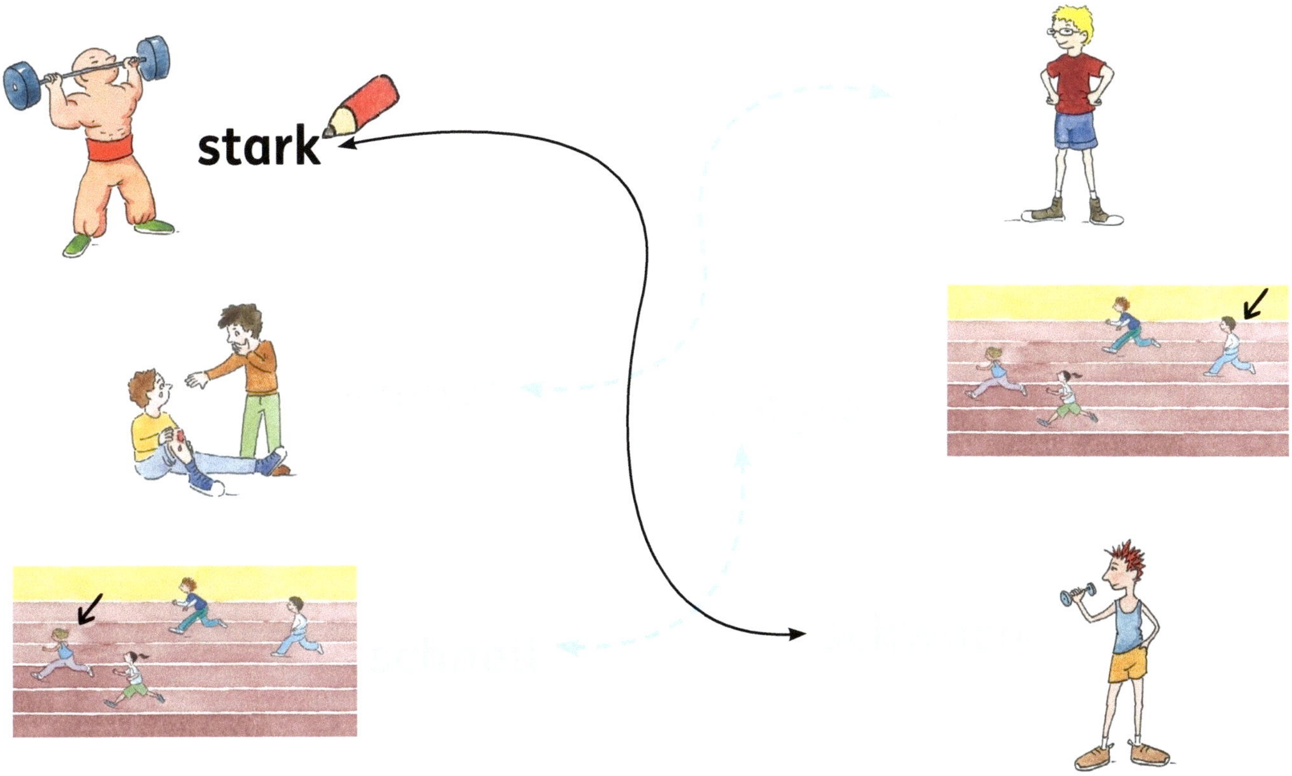

5. Wie sind die Menschen aus Aufgabe 4? Ordne zu und schreibe.

schnell und _ _ _ _ _ _ _ _
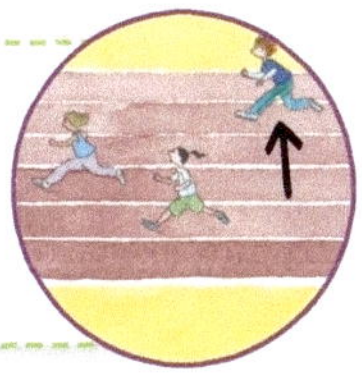

_ _ _ und _ _ _ _ _ _ _ _ _

_ _ _ _ _ _ und _ _ _ _ _ _ _ _

Weitere Fächer

1. Fremdsprachen: Fahre nach und verbinde.

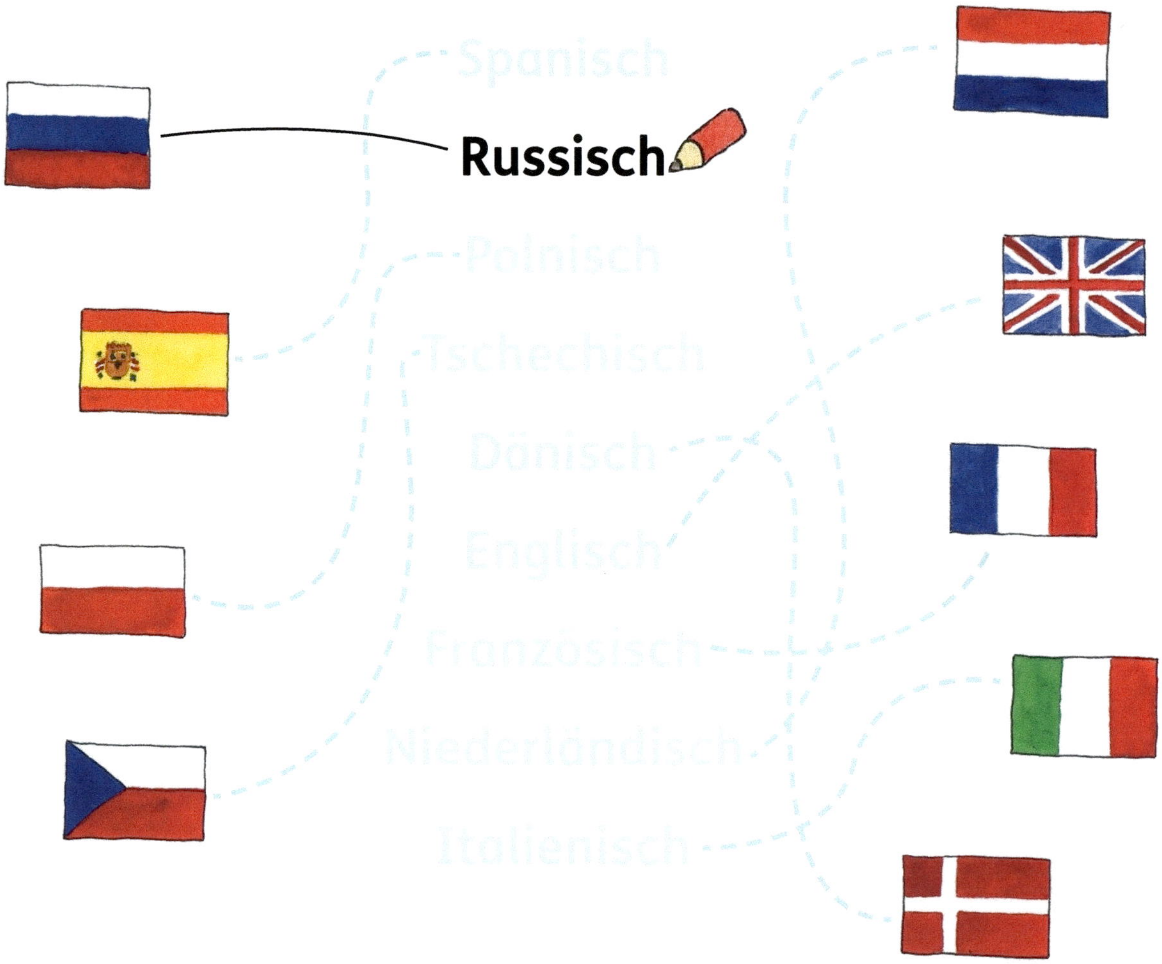

2. Trage die Wörter aus Aufgabe 1 ein.

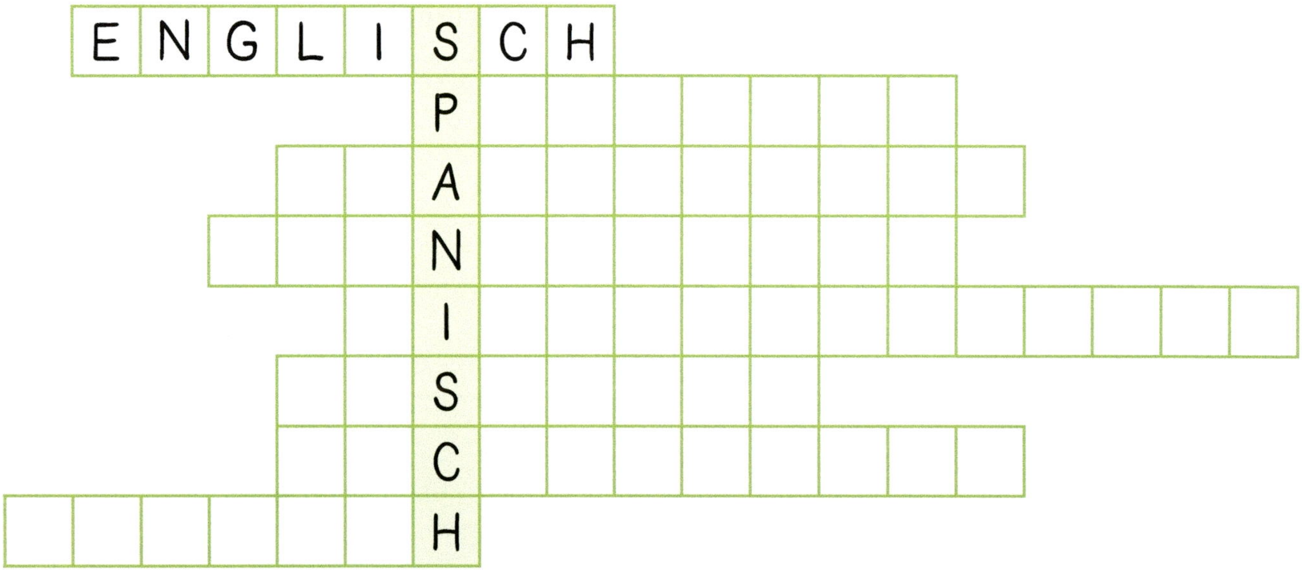

3. Religionsunterricht: Fahre die Wörter nach und verbinde.

1 

2 

die Bibel SP

AN

IS

CH

3 

4 

Lösung: S P _ _ _ _ _ _ (1, 2, 3, 4)

4. Arbeitsgemeinschaften: Fahre die Wörter nach.

die Koch-AG

5. Finde die Wörter aus Aufgabe 3 und 4 und schreibe.

DIE|KIRCHE|DERCHORDIEBIBELDIEKOCH–AGDIEMOSCHEEDIESCHÜLERZEITUNG

die Kirche,

Im Unterricht

1. Was sagen die Schüler? Lies bitte.

2. Welche Antworten passen zu Aufgabe 1? Lies und ordne zu. Höre dann. 4

1. Ja klar. Das geht so: ...
2. Das schreibt man so: W-i-e-s-e.
3. Oh, Entschuldigung.
4. Auf Deutsch heißt das Flöte.

Lösung: das __ __ __ __ A B __ __
(1) (2) (3) (4)

3. Macht Rollenspiele.

Mehr Aufgaben für Profis und Partner

1. Merke dir alle Musikinstrumente von Seite 32. Schreibe sie dann hier auf.

2. Tausche das Heft mit deinem Partner: Ist alles richtig?

3. Schulsachen im Kunstunterricht erraten: Zeichnet, fragt und antwortet.

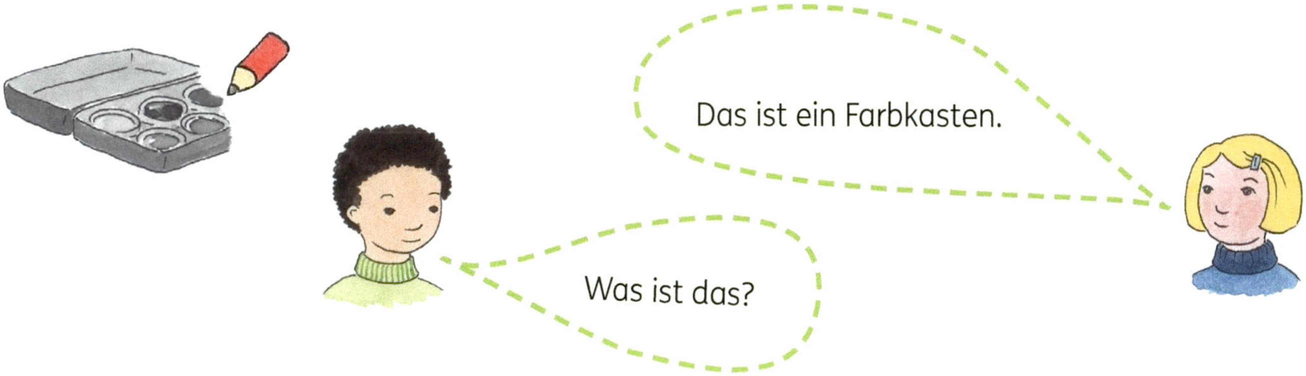

4. Was macht dein Partner gern im Sportunterricht? Fragt und erzählt euch gegenseitig.

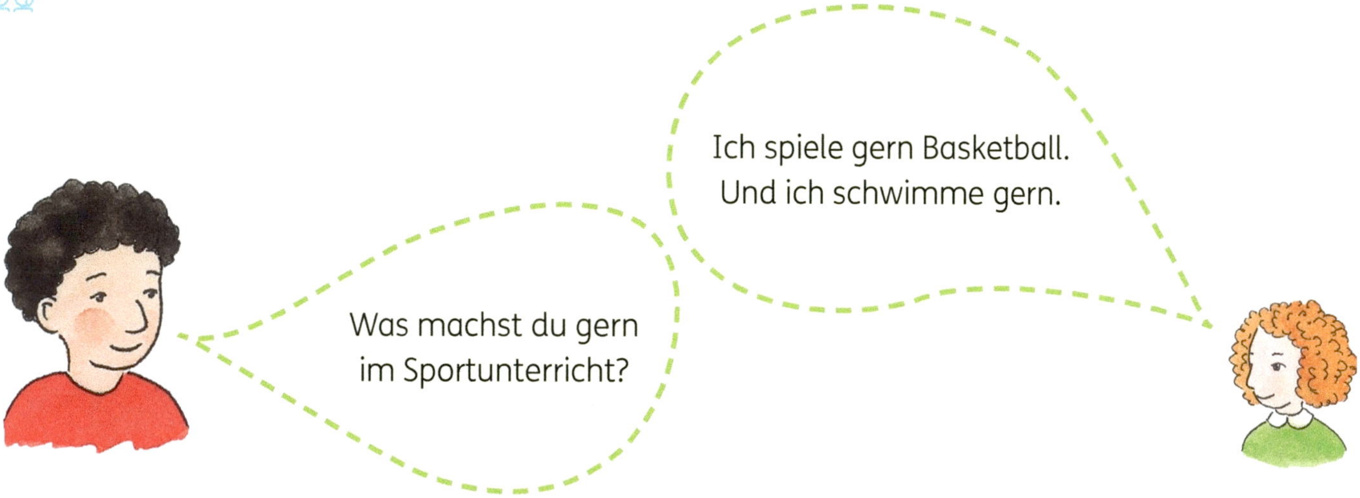

Die Aufgaben

Aufgaben lösen

1. Fahre die Wörter nach und verbinde.

2. Fahre die Wörter nach.

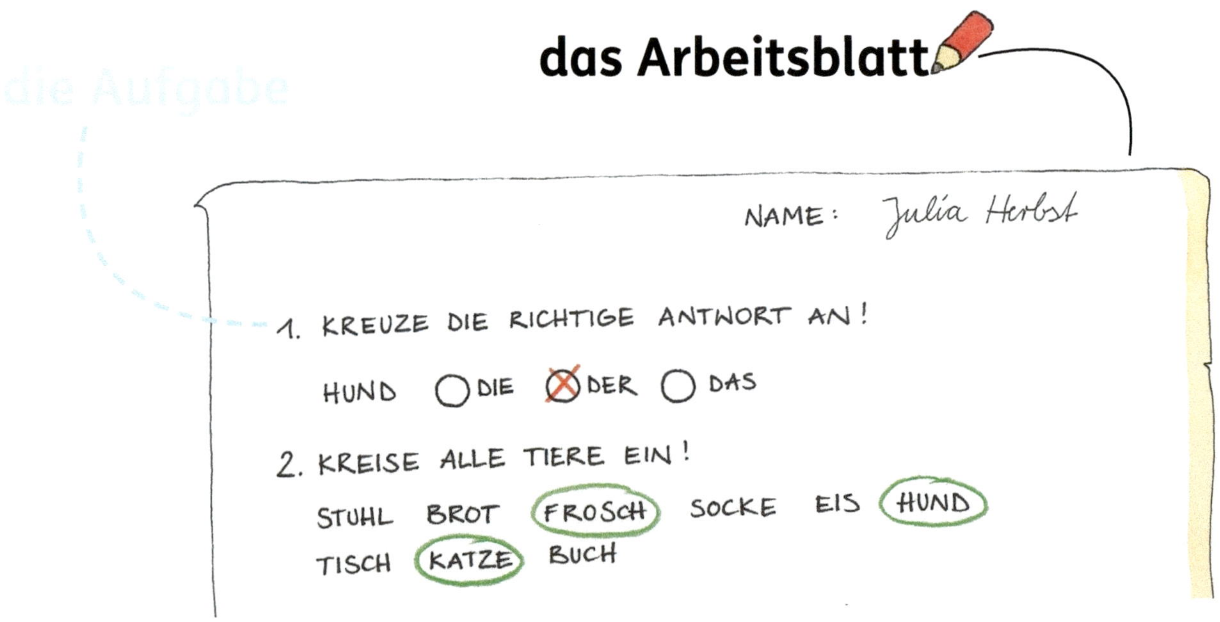

3. Gegenteile: Fahre die Wörter nach und verbinde. 11

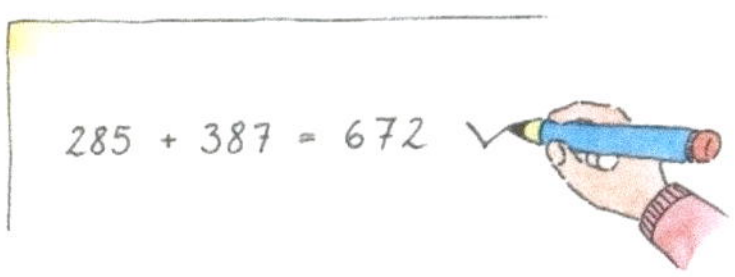

richtig

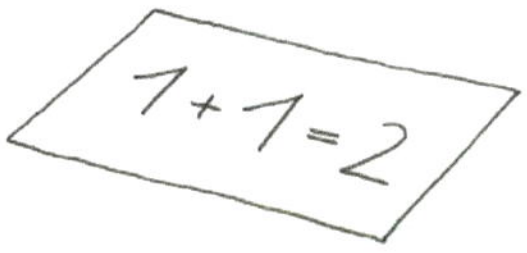

4. Finde und markiere die Wörter aus Aufgabe 1, 2 und 3.

M	G	A	R	B	E	I	T	S	B	L	A	T	T	K
A	M	C	V	Q	Z	U	Ö	K	Y	Ü	B	J	Q	O
R	N	A	C	H	F	A	H	R	E	N	A	X	A	N
K	T	W	B	U	O	S	A	W	Q	N	L	P	U	T
I	F	Ü	E	I	N	K	R	E	I	S	E	N	F	R
E	A	Y	Z	N	M	V	Y	X	K	I	P	B	G	O
R	L	V	E	R	S	T	E	H	E	N	X	E	A	L
E	S	H	Ü	B	E	R	L	E	G	E	N	I	B	L
N	C	K	Ö	L	P	Ä	B	X	C	Y	Ä	N	E	I
Z	H	J	A	N	K	R	E	U	Z	E	N	F	W	E
Q	H	D	F	Q	W	V	B	Ä	V	C	Ö	A	S	R
V	E	R	B	I	N	D	E	N	M	L	P	C	C	E
F	C	Y	V	N	Q	Ä	W	Ü	Z	Ö	L	H	H	N
V	K	O	R	R	I	G	I	E	R	E	N	L	W	Q
H	Q	W	I	E	Y	C	X	Ö	L	N	B	F	E	S
Ö	A	S	X	Y	R	I	C	H	T	I	G	Ä	R	M
U	N	T	E	R	S	T	R	E	I	C	H	E	N	Ü

⇨ in schneller Abfolge Kärtchen mit den Verben aus Aufgabe 1 zeigen, alle Schüler stellen diese immer gleichzeitig pantomimisch dar

Medien nutzen

1. Fahre die Wörter nach und verbinde.

die Zeitung

das Lexikon

die Zeitschrift

das Fernsehen

die CD

das Sachbuch

die DVD

2. Der Computer: Fahre die Wörter nach.

der Computer

der Bildschirm

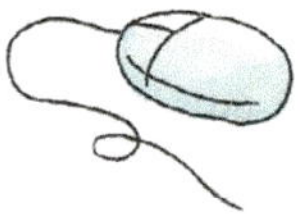

die Maus

die Tastatur

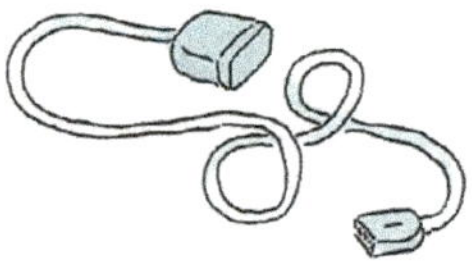

das Kabel

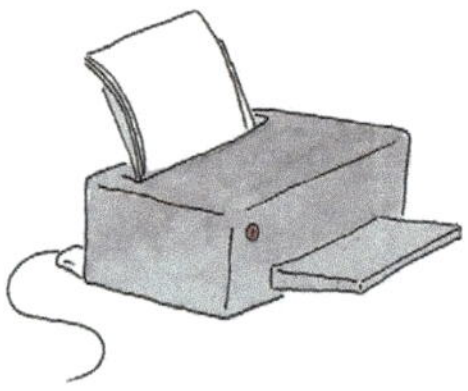

der Drucker

der / das Laptop

das Tablet

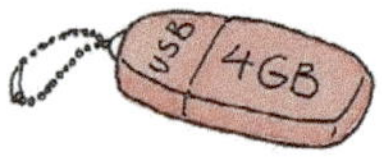

der USB-Stick

3. Die CD – die CDs: Lies und ordne zu.

❶ die CDs

❷ die Computer

❸ die Zeitungen

❹ die Lexika

❺ die Zeitschriften

❻ die Sachbücher

A

O

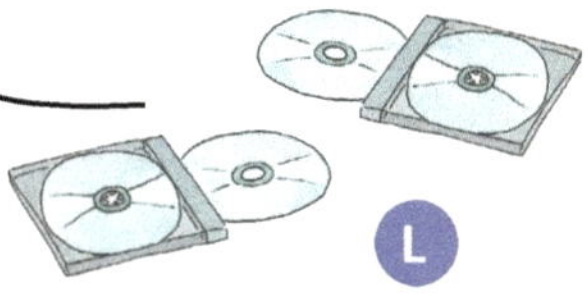

L

P

T

P

Lösung: der / das L _ _ _ _ _
1 2 3 4 5 6

! der Laptop
oder
das Laptop

4. der, die oder das? Ordne die Wörter aus Aufgabe 1 und 2 zu und schreibe.

der 	die 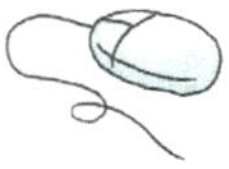	das 
der Bildschirm	die Maus	das Tablet

⇨ Was bin ich? Schüler haben Zettel mit den Nomen aus Aufgabe 1 und/oder 2 auf der Stirn und finden durch Fragen heraus, was sie darstellen (Bin ich ein / eine ...?)

Informationen suchen

1. Arbeitsformen: Fahre die Wörter nach und verbinde.

die Einzelarbeit

mit einem Partner

zu zweit

in der Gruppe

zusammen

die Partnerarbeit

allein

für sich

die Gruppenarbeit

2. Das Internet: Fahre die Wörter nach und verbinde.

die Suchmaschine

die Internetadresse

der Suchbegriff

der Treffer

3. Geheimschrift: Welche Wörter aus Aufgabe 1 und 2 sind das? Schreibe richtig auf.

a l l e i n (11)

die 

_ _ (10) _ _ _ _ _ (6) _ _ _ _ _

_ _ (2) _ (7) _ _ (5) _ _ _

der 

_ (1) _ _ (8) _ (9) _ _ _ _ _ _ _

_ _ _   _ _ (3) _ (4)

der 

_ _ _ _ _ _ _ (12) _

Lösung: die _ _ _ _ _ _ _ _ _ _ n _
1 2 3 4 5 6 7 8 9 10 11 12

4. Was passt zusammen? Fahre die Wörter nach und verbinde.

suchen

Präsentieren

1. Fahre die Wörter nach und verbinde.

der Vortrag

das Thema

die Leinwand

die Gliederung

der Beamer

die Einleitung

der Schluss

2. Welche Wörter sind das? Schreibe richtig auf.

der tragVor	die wandLein	die rungdeGlie
der Vortrag		
der merBea	die tungleiEin	das maThe

3. Fahre die Wörter nach und verbinde.

hier

dort

4. Fahre die Wörter nach und verbinde.

5. Trage die Wörter aus Aufgabe 4 ein.

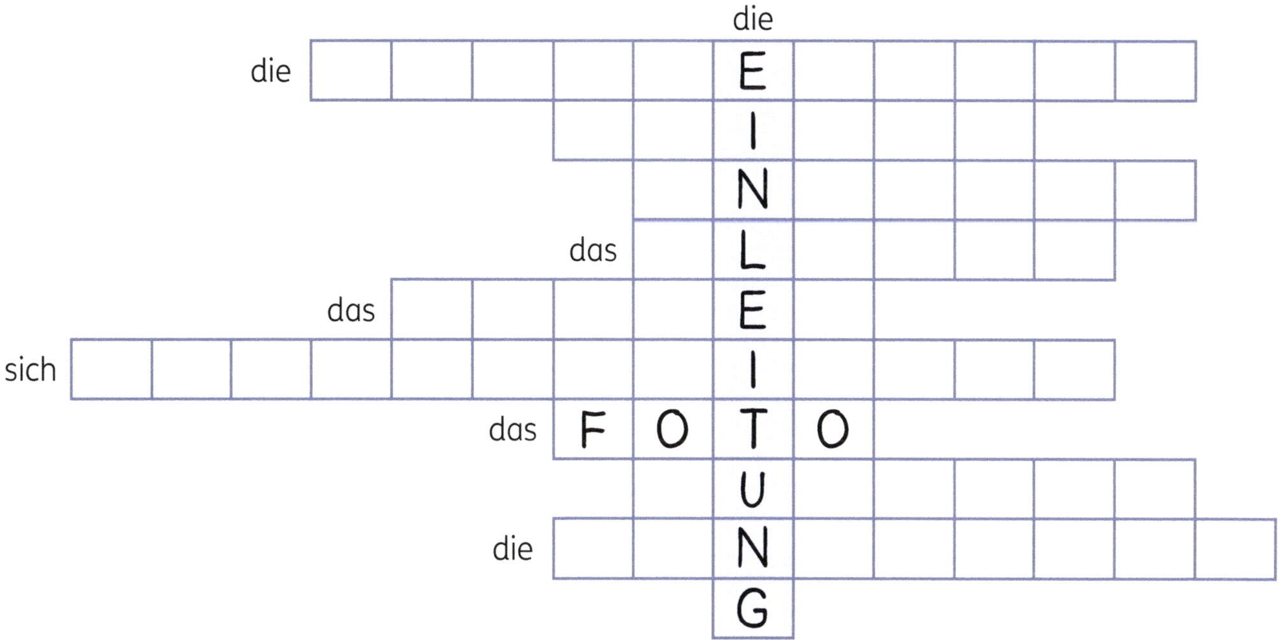

Experimentieren

1. Fahre die Wörter nach und verbinde.

das Mikroskop

das Material

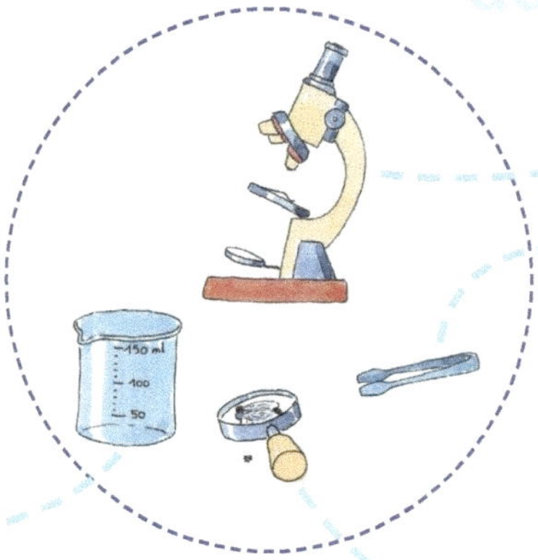

die Pinzette

der Messbecher

die Lupe

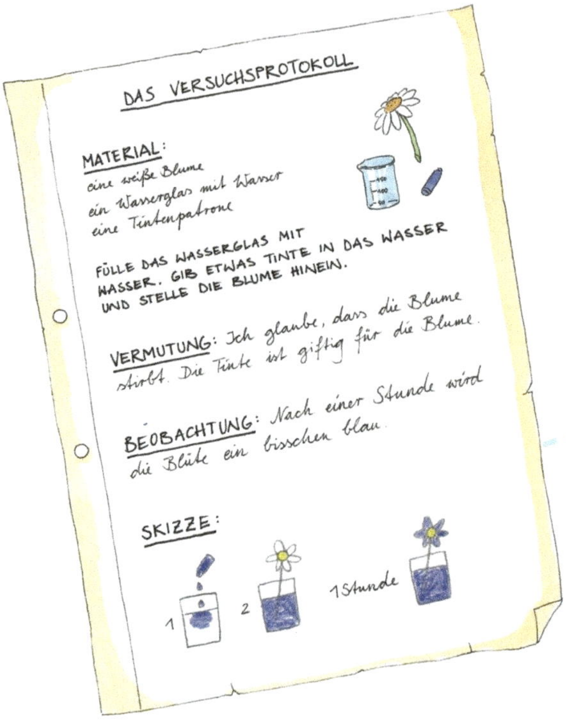
DAS VERSUCHSPROTOKOLL

MATERIAL:
eine weiße Blume
ein Wasserglas mit Wasser
eine Tintenpatrone

FÜLLE DAS WASSERGLAS MIT WASSER. GIB ETWAS TINTE IN DAS WASSER UND STELLE DIE BLUME HINEIN.

VERMUTUNG: Ich glaube, dass die Blume stirbt. Die Tinte ist giftig für die Blume.

BEOBACHTUNG: Nach einer Stunde wird die Blüte ein bisschen blau.

SKIZZE:
1 2 1 Stunde

die Notiz

das Versuchsprotokoll

2. Löse das Rätsel.

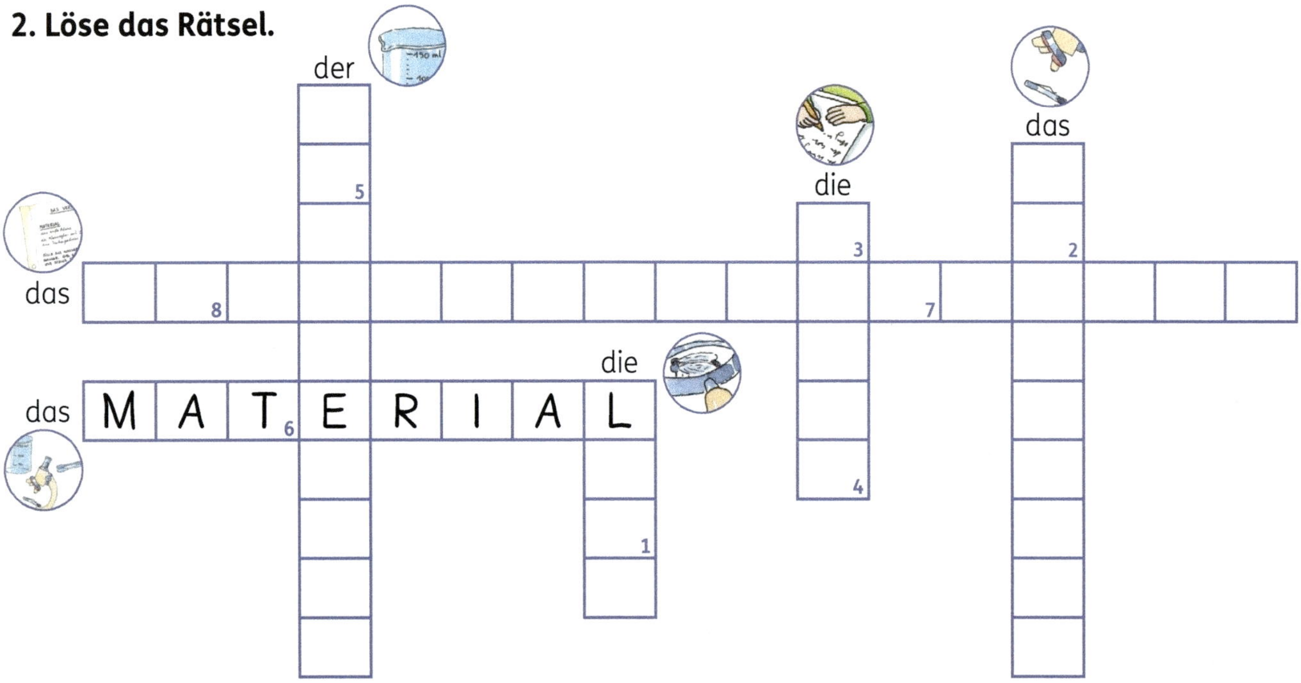

Lösung: die _ _ _ _ _ T _ _
1 2 3 4 5 6 7 8

3. Fahre die Wörter nach und verbinde.

viel

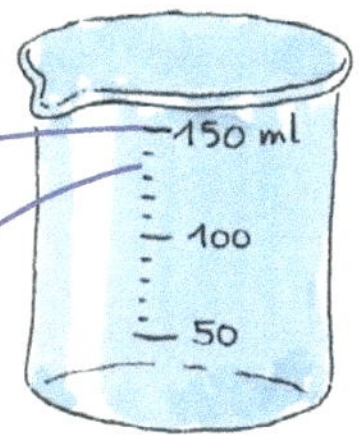

4. Fahre die Wörter nach.

erklären

5. Vermuten – die Vermutung: Schreibe.

vermuten **die** Vermutung

beobachten **die**

beschreiben **die**

erklären **die**

⇨ Gegenstände für Experimente auf den Tageslichtprojektor legen, die Schüler erkennen und benennen das Schattenbild

Im Unterricht

1. Präsentieren: So kann man die Gliederung vorstellen. Lies bitte.

Mein Thema ist …

Zuerst zeige ich euch …

Dann erkläre ich euch …

Danach geht es um …

Zum Schluss sage ich noch etwas über …

2. Präsentiert euch gegenseitig eine Gliederung. Sprecht wie im Beispiel.

Mein Thema ist die Stadt Hamburg. Zuerst zeige ich euch meine Heimatstadt Hamburg auf Bildern. Dann erkläre ich euch die Entstehung Hamburgs. Danach geht es um die Entwicklung Hamburgs. Zum Schluss sage ich noch etwas über Hamburg heute.

DIE WIESE

1. Einleitung: Wiesen in unserem Ort ……
2. Die Entstehung von Wiesen ……
3. Pflanzen auf der Wiese ……

4. Tiere auf der Wiese ……

……
5. Zusammenfassung ……
……

DAS AUGE

1. Einleitung: Sehtests ……
2. Der Aufbau des Auges
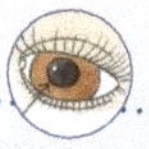
……
3. Brillen - Hilfe bei Fehlsichtigkeit
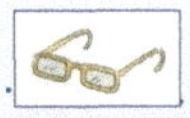
4. Blindsein und Blindenschrift ……

……
5. Zusammenfassung ……
……

3. Wer sagt das? Kreuze an. Höre dann. ▷ 5

Ich kann dich nicht verstehen. Sprich bitte lauter.

- [ ] die Lehrerin LET
- [x] der Mitschüler PRÄ

Hört auf zu stören. Passt bitte auf!

- [ ] die Lehrerin SEN
- [ ] der Mitschüler ORG

Entschuldigung, ich habe eine Frage.

- [ ] die Lehrerin ENA
- [ ] die Mitschülerin TAT

Das war sehr gut. Weiter so!

- [ ] die Lehrerin ION
- [ ] die Mitschülerin TAR

Lösung: die P R Ä _ _ _ _ _ _ _ _ _
(1) (2) (3) (4)

4. Macht Rollenspiele wie in Aufgabe 3.

Mehr Aufgaben für Profis und Partner

1. **Wie oft machst du das? Kreuze an.** X

Wie oft ...	mehrmals täglich	täglich	mehrmals in der Woche	einmal in der Woche	nie
... benutzt du ein Lexikon?					
... liest du eine Zeitschrift?					
... schaust du eine DVD an?					
... siehst du dir Sendungen im Fernsehen an?					
... benutzt du den Computer?					
... benutzt du ein Tablet?					

2. **Erzählt euch gegenseitig.**

Ich lese einmal in der Woche eine Zeitschrift. Wie oft liest du eine Zeitschrift?

Ich lese nie eine Zeitschrift.

Ich sehe mir täglich Sendungen im Fernsehen an. Und du?

Ich auch.

Ich benutze mehrmals in der Woche meinen Computer. Und du?

Das mache ich auch.

3. Merke dir die Sachen zum Thema „Experimentieren“. Decke sie dann ab und schreibe.

4. Tausche das Heft mit deinem Partner. Ist alles richtig?

5. Ein Interview über Arbeitsformen: Frage deinen Partner.

Arbeitest du gern allein?

Ja, ich arbeite gern allein.

Nein, ich arbeite lieber zu zweit.

Wie arbeitest du am liebsten?

Am liebsten arbeite ich in einer Gruppe.

Am liebsten arbeite ich für mich.

Arbeitest du gern mit einem Partner?

Ja, ich arbeite gern mit einem Partner.

Ja, aber ich mag auch die Gruppenarbeit.